11e Mars 1880.

V

CATALOGUE
D'OBJETS D'ART
ET
D'AMEUBLEMENT

ARGENTERIE — SCULPTURES SUR IVOIRE
OBJETS DE VITRINE — BIJOUX ANCIENS — FAÏENCES
PORCELAINES — BRONZES — MARBRES — MEUBLES ANCIENS
BOIS SCULPTÉS — ÉTOFFES BRODÉES — TAPISSERIE
OBJETS DIVERS

PROVENANT EN PARTIE

De l'Atelier de Madame T...

Dont la vente aura lieu

HOTEL DROUOT, SALLE N° 8
Le Jeudi 11 Mars 1880
A DEUX HEURES

Mᵉ E. BERTHELIN	M. BLOCHE
COMMISSAIRE-PRISEUR	EXPERT
Sʳ DE Mᵉ CHARLES OUDART	19, boulevard Montmartre
29, rue Le Peletier	

EXPOSITION PUBLIQUE

LE MERCREDI 10 MARS 1880, DE 1 HEURE 1/2 A 5 HEURES 1/2

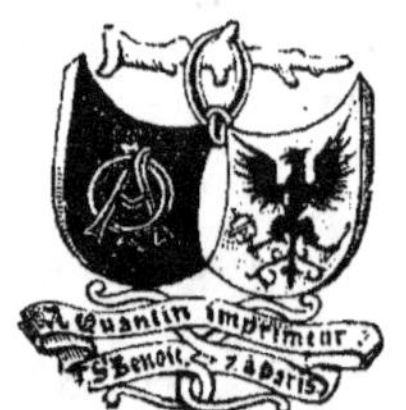

A. Quantin, imprimeur, S. Benoît, 7, à Paris.

CONDITIONS DE LA VENTE

Elle sera faite au comptant.

Les adjudicataires payeront *cinq centimes par franc* en sus des enchères, applicables aux frais.

L'Exposition mettant les adjudicataires à même de se rendre compte de l'état et de la nature des objets, il ne sera admis aucune réclamation, une fois l'adjudication prononcée.

DÉSIGNATION

ARGENTERIE, IVOIRES, BIJOUX
OBJETS DE VITRINE

1. — Très beau Vidrecome en ivoire sculpté, sujet de chasse, riche monture en argent ciselé.

2. — Beau Vidrecome en ivoire gravé, monture en argent ciselé, XVIIe siècle.

3. — Petit Vidrecome en ivoire offrant en bas-relief un sujet de chasse, XVIIe siècle.

4. — Coffret en argent gravé, XVIIe siècle.

5. — Boîte forme tête de chien en porcelaine de Saxe, monture argent.

6. — Chat en porcelaine de Berlin.

7. — Boîte de Saxe, décor : sujets champêtres.

8. — Coffret en ivoire décoré de cinq médaillons à sujets mythologiques en bas-relief.

9. — Corne décorée de sculptures à sujets de chasse se détachant en bas-relief.

10. — Porte-cigares en argent, travail rasse.

11. — Pomme de canne en porcelaine de Saxe.

12. — Belle garniture de Boutons de costume en émail bleu et violet avec bouquets en cailloux du Rhin, Louis XVI.

13. — Garniture de Boutons de nacre, dessin à damiers avec étoile d'or.

14. — Coupe en noix de coco gravée, montée en argent ciselé, xviie siècle.

15. — Petit Plat en argent repoussé, dessin à fleurs.

16. — Coupe en argent repoussé, Louis XIII.

17. — Belle Écritoire en argent et marbre, monture ciselée.

18. — Miniature sur ivoire, cadre en bronze.

19. — Petit Étui en or émaillé bleu, époque Louis XVI.

20. — Médaillon en or, forme reliquaire, xvie siècle.

21. — Diadème en strass, forme branche.

22. — Grande Bague en or avec miniature, Louis XVI.

23. — Agrafe de manteau en argent.

24. — Collier en or avec reliquaire à chaque maillon, travail italien, xvie siècle.

25. — Paire de Boucles en argent de l'époque de la reine Anne, dans leur écrin.

26. — Paire de Boucles en cailloux du Rhin, Louis XVI.

27. — Porte-cartes en filigrane d'argent et émail.

28. — Broche, forme scarabée.

PORCELAINES, FAÏENCES

29. — Dix jolies Assiettes en ancienne porcelaine de Saxe, bords cotelés, décor à fleurs et fruits.

30. — Sept Assiettes en ancienne porcelaine de Saxe, bords gaufrés, décor à fleurs.

31. — Théière, deux Tasses et une Soucoupe en ancienne porcelaine de Saxe, décor insectes et fleurs.

32. — Sucrier et deux Tasses en vieux Saxe gaufré, décor à fleurs.

33. — Deux petits Pots en vieux Saxe, décor à fleurs.

34. — Tasse trembleuse en vieux Saxe à fleurs.

35. — Théière en vieux Saxe, décor à fleurs.

36. — Trois Pots à crème en ancien Cronenbourg, décorés d'insectes.

37. — Deux Marronnières en ancienne porcelaine d'Allemagne, décor à fleurs.

38. — Encrier et Poudrière en vieux Saxe à fleurs.

39. — Deux Plateaux de Milan, décor à coquilles.

40. — Deux Coquilles de Milan, décor polychrome.

41. — Deux Plateaux et un Pot à crème d'Allemagne, à fleurs.

42. — Deux Jardinières mignonnettes du Japon, décor polychrome.

43. — Fontaine de Rouen, décor polychrome.

44. — Plat de Moustiers, décor à guirlandes.

45. — Corbeille de Moustiers, à fleurettes.

46. — Corbeille en faïence blanche, à jour.

47. — Deux Théières en vieux Chine, décor : l'une fond bleu,
    l'autre fond noir.

48. — Deux Perroquets en céladon.

49. — Veilleuse en céladon, bleu turquoise.

50. — Socle en céladon, bleu turquoise.

51. — Deux Figurines de Saxe.

52. — Petit Chat de Saxe.

53. — Bouteille de Chine, décor paysage.

54. — Deux Oiseaux en porcelaine et faïence.

55. — Deux Figurines en faïence.

56. — Statuette en blanc de Sèvres.

57. — Groupe de Chiens en blanc de Chine.

58. — Deux Lions en blanc de Saxe.

59. — Quatre Figurines chinoises.

60. — Deux Bouteilles de Chine, décor violet.

61. — Deux Potiches mignonnettes de Chine, décor armoi-
    ries en grisaille et or.

62. — Petit Brûle-parfums en vieux Chine, monté en bronze
doré.

63. — Petit Vase de Chine, fond vert.

64. — Petite Coupe de Chine, décor aubergine.

65. — Boîte mignonnette de Chine, décor mosaïque cloîtrée
en relief.

66. — Vase de Sèvres rose et vert, à rehauts d'or.

67. — Grenouille en porcelaine.

68. — Émail peint.

69. — Écran de Chine, famille verte.

70. — Canard, décor polychrome.

71. — Groupe d'Hommes sur un âne, de Chine.

72. — Six Tasses de Chine, fond gros bleu à rehauts d'or.

73. — Buire en faïence de Castelli, décor à figures.

OBJETS D'AMEUBLEMENT
ET DE CURIOSITÉ

74. — Beau Meuble de salon en bois sculpté et couvert en
tapisserie au point et au petit point, style Louis XIV,
composé d'un Canapé, deux fauteuils et quatre
Chaises.

75. — Chiffonnier en acajou et cuivre, Louis XVI.

76. — Bureau en acajou et cuivre, Louis XVI.

77. — Jolie Vitrine en acajou, orné de cuivre, Louis XVI.

78. — Pendule en biscuit, formée par le groupe d'Andromède
et Persée, socle orné de bas-relief en bronze doré,
époque Louis XVI.

79. — Table ovale en citronnier et acajou, dessus de marbre
blanc avec galerie, époque Louis XVI.

80. — Grand Bureau en bois de rose, Louis XVI.

81. — Table en marqueterie, ornée de bronzes dorés.

82. — Secrétaire en acajou, à dessus de marbre, Louis XVI.

83. — Guéridon en marbre vert, monté en bronze, époque
Louis XVI.

84. — Bureau en bois noir, richement orné de bronzes dorés,
style Louis XIV.

85. — Belle Toilette en laque noire, décor chinois à rehauts
d'or, richement garnie de bronzes dorés, style
Louis XV.

86. — Beau Cadre à colonnettes détachées, en bois sculpté
et doré par partie, style du xvie siècle.

87. — Devant de Coffre en bois sculpté, xvie siècle.

88. — Belle Pendule de l'époque Louis XIV, en marqueterie
d'écaille et de cuivre, ornée de bronzes.

89. — Cheminée en bois sculpté, peint et doré.

90. — Deux Fauteuils en bois peint, couverts en soie rouge,
Louis XVI.

91. — Montants et devants pour constituer une Cheminée, en bois sculpté.

92. — Crédence du xvie siècle, en bois sculpté, à figures.

93. — Paire de Chandeliers en bronze argenté, Louis XV.

94. — Autre paire de Chandeliers, Louis XIV.

95. — Deux Bas-Reliefs en cuivre fondu à cire perdue, représentant une orgie romaine et Jupiter foudroyant les Titans, xvie siècle.

96. — Lot de Cuirs de Cordoue.

97. — Bas-Relief sur cuivre, travail au repoussé d'après Van Ostade.

98. — Chapiteau en marbre du xie siècle.

99. — Grand Vaisselier en bois sculpté, Louis XIV.

100. — Vitrine en bois doré.

101. — Trois Glaces avec cadres dorés.

102. — Beau Groupe en bronze argenté, *le Printemps de la vie* de Lanzirotti.

103. — Belle Statuette en marbre blanc, *l'Enfant au Crâbe* de Barjesou.

104. — Beau Groupe en bronze, sujet mythologique.

105. — Belle Garniture de Cheminée, composée de Pendule et Candélabres.

106. — Lustre en bronze.

TAPISSERIES, ÉTOFFES

107. — Belle Tapisserie de Lille, sujet d'après Bérain, fond bleu avec bordure, époque Louis XV.

108. — Deux Portières en tapisserie du XVIᵉ siècle, avec animaux.

109. — Deux autres Portières du XVIᵉ siècle, sujets de chasse.

110. — Trois Bandeaux en tapisserie du XVIᵉ siècle, à chimères.

111. — Deux grandes et belles Tapisseries *Verdures*, avec oiseaux.

112. — Deux Tapisseries, sujets mythologiques, avec bordures, époque Louis XIV.

113. — Tableau en tapisserie, à sujet mythologique, époque Louis XIV.

114. — Quatre Rideaux soie noire, avec effilés d'or.

115. — Très beau Devant d'autel en soie rouge, brodée d'or et à paillettes, orné sur trois côtés de magnifiques bandes de velours rouge avec rinceaux en broderie et application, XVIᵉ siècle.

116. — Deux belles Bandes gothiques en broderie, fond d'or, offrant sous des arceaux des figures de saints en broderie de soie, lamée d'or.

117. — Belle Dalmatique en velours rouge, ornée de riches broderies et d'applications en satin de couleur et fil d'or, xvie siècle.

118. — Beau Bandeau en brocard d'or, sur fond argent, richement brodé d'or à rinceaux; travail de la Renaissance; long., 2^m,20.

119. — Deux jolies Bandes de satin blanc, ornées de broderies et d'applications en diverses nuances, xvie siècle.

120. — Coupe de brocard d'argent, à fleurs, de 7^m,65, époque Louis XIII.

121. — Chappe en soie blanche brochée, époque Louis XIV.

122. — Dix Morceaux de soie rouge avec rayures en tons clairs et brochée à fleurs; époque Louis XV.

123. — Coupe de soie rayée et brochée, fond vert à fleurs, 5^m,85; époque Louis XVI.

124. — Coupe de soie rayée et brochée à fleurs, sur fond bleu, 5^m,60; époque Louis XVI.

125. — Coupe de velours vert à rayures, 12^m,50; xviie siècle.

126. — Chappe en soie blanche brochée à fleurs, 4^m,70; époque Louis XV.

127. — Coupe de soie rayée vert et blanc, 12^m,70; époque Louis XVI.

128. — Coupe de soie blanche brochée à fleurs, 5^m,85; époque Louis XV.

129. — Coupe de soie blanche et rose à rayures, brochées
de fleurs, 5 mètres; époque Louis XVI.

130. — Coupe de satin blanc broché à fleurs, 5^m,60.

131. — Chappe en soie blanche brochée à fleurs, 4^m,50;
époque Louis XV.

132. — Coupe de soie blanche et vert d'eau rayée à fleurs;
époque Louis XVI.

133. — Coupe de soie bleue, brochée à fleurs, 11^m,25;
époque Louis XV.

134. — Objets non catalogués.

PARIS. — Impr. J. CLAYE. — A. QUANTIN et Ce, rue Saint-Benoît. — [448]